AF548242

raw bites

VEGANE SÜSSIGKEITEN.
NATURBELASSEN. LECKER.

ENERGY BALLS.
MÜSLIS & AUFSTRICHE.
PLANT BASED ONLY.

Anna Schneider. Deniz Retzer.

VENTIL

www.huebsch-huebsch.de · www.rawbites.de

Dieses Buch soll keine ärztlichen Empfehlungen ersetzen, widerrufen oder ihnen widersprechen. Die Informationen in diesem Buch sind allgemeiner Natur und werden ohne Garantie seitens des Verlags und der Autorinnen angeboten. Diese übernehmen keine Haftung für eventuell auftretende Schäden und Fehler, die durch die Verwendung des Buches auftreten.

Edition Kochen ohne Knochen

ISBN 978-395575-161-6
2. Auflage 2023

Fotografie: Anna Schneider, www.neon-fotografie.de
Grafische Gestaltung: Deniz Retzer, www.denizretzer.com
Rezepte & Foodstyling: Anna Schneider & Deniz Retzer
Foodstyling Seite 20–21, 43, 68, 157 by Eva Grimmer
Druck und Bindung: Grafisches Centrum Cuno, Calbe

Ventil Verlag, Boppstr. 25, D-55118 Mainz
www.ventil-verlag.de

der inhalt.

Be healthy – be good.

Raw bites *ist eine Sammlung unserer liebsten Rezepte. Leckere Süßigkeiten voll gepackt mit guten Zutaten. Naturbelassen und unverarbeitet, frei von allem Tierischen und ohne Industriezucker. Mit Liebe und Herzblut haben wir dieses Buch zusammengestellt, fotografiert und gestaltet. Damit jeder sein Lieblingsrezept findet.*

yeah!

Vegan. Naturbelassen. Lecker.

Bällchen & Riegel: Ob easy peasy Kokos-Schoko-Ecken oder Kürbis-Quadrate mit Fleur de Sel – hier ist für jeden etwas dabei. Crunchy Granolas: knusprige Müslis für Früh- & Spätaufsteher. Spread the word: natürlich leckere Nussbutter oder Schoko-Haselnuss-Aufstrich mit Suchtfaktor.

Unsere raw bites *machen einfach nur glücklich. Sie schmecken köstlich und lassen sich ruckzuck in unzähligen Variationen zubereiten, ganz einfach und unkompliziert. Immer her mit dem süßen Leben! Viel Spaß beim Schmökern, Probieren und Anschauen.*
Anna & Deniz

Heute ist ein guter Tag, um glücklich zu essen.

eat your way

Und wenn es dann noch selbstgemacht ist, schmeckt es gleich doppelt so gut.
Glaubt uns, *raw bites* machen viel glücklicher als ein industriell hergestellter Schokoriegel.
Zum Beispiel die *Riegel mit X* von Seite 88–89 sind so gut und machen einfach süchtig!

raw ...

Was genau raw für uns bedeutet.

Klar, *raw* heißt ‚roh'.
Aber hier geht es nicht um Rohkost im klassischen Sinn.
Es steckt viel mehr dahinter.

Raw heißt für uns naturbelassen, unbehandelt und unverändert. Natürlich eben, ganz einfach, ohne Zusatzstoffe und vor allem ohne Industriezucker.

Dieses Buch soll kein Gesundheitsratgeber sein, wir verfolgen keine dogmatische Ernährungslehre. Aber dass Zucker uns allen nicht gut tut und wir viel zu viel davon essen, ist jedem klar.
Deshalb wollen wir ein paar leckere Rezepte mit euch teilen, die tolle Alternativen zu klassischen Süßigkeiten sind.
Süß und lecker, aber gleichzeitig vollgepackt mit guten Nährstoffen. Da freuen sich Körper und Seele.

Mach dir keinen Stress – eat your way!
Von strengen Ernährungsdogmen halten wir nicht viel.

Wir achten einfach auf das, was wir essen, und versuchen, Ungesundes zu vermeiden.
Also probier es einfach mal aus. Dein Körper wird dir schon zeigen, was ihn glücklicher macht.

Und zu guter Letzt sind *raw bites* auch immer ein hübsches, kleines Mitbringsel und eine tolle Geschenkidee.

Auf Seite 148–149 haben wir ein paar schöne Vorlagen für kleine Geschenkanhänger vorbereitet. Einfach direkt aus dem Buch kopieren oder runterladen, ausdrucken und losbasteln: www.rawbites.de/downloads

Unser Top-Tipp: Immer ein paar raw bites *im Kühlschrank haben – falls der Süßhunger kommt.*

BESTE ZUTATEN FÜR BESTES ERGEBNIS

die zutaten.

Für unsere *raw bites* brauchst du ein paar Basics. Das Gute ist, dass die Rezepte ganz flexibel abgeändert werden können, je nachdem, was man gerade im Haus hat. Generell gilt: Experimentieren ist erlaubt! Sogar gewünscht! Nimm das, was du im Haus hast, und los geht's.
Die beiden Hauptzutaten sind Kokosöl und Datteln und du findest sie in fast jedem unserer Rezepte. Das Kokosöl sorgt für die richtige Konsistenz und die Datteln geben den Rezepten die nötige Süße.
Besonders was das Süßen angeht, kannst du dich gerne auf deinen eigenen Geschmack verlassen. Wir persönlich mögen es nicht allzu süß.
Schau einfach, was dir gut schmeckt, füge ein paar mehr Datteln hinzu, oder lass ein paar weg. Für alle Rezepte aus dem Kapitel Bällchen & Riegel gilt: Falls du lieber weniger Datteln verwenden möchtest, mixe die Masse einfach etwas länger. Denn die Datteln bringen natürlich auch einen gewissen Klebefaktor mit ins Spiel. Wichtig ist nur, dass die Masse eine schön weiche Konsistenz hat, damit du sie später gut formen kannst und sie nicht auseinander fällt.
Apropos Süße:
Für manche Rezepte brauchst du eine flüssige Süße. Hierfür kannst du unsere Dattelsüße von Seite 15 verwenden. Dieser selbstgemachte ‚Sirup' ist vollkommen unverarbeitet und besteht nur aus Datteln und Wasser. Alternativ kannst du natürlich auch auf andere Siruparten wie fertigen Dattelsirup, Ahornsirup, Agavendicksaft o.ä. zurückgreifen. Wichtig ist nur, dass du dann die Dosierung ein wenig anpasst, da die fertigen Sirups viel konzentrierter und dementsprechend süßer sind.
Ahornsirup klingt zwar sehr natürlich, ist aber ein stark verarbeitetes Lebensmittel mit sehr hohem Zuckergehalt. Zu den gesunden Lebensmitteln würden wir ihn daher nicht wirklich zählen. Aber hey, manchmal muss es auch einfach schnell gehen und das ist auch vollkommen in Ordnung so.

Die Grundzutaten – nehmt immer nur das Beste für beste Ergebnisse und besten Geschmack.

Kakao. Aus Kakaopulver und Kokosöl kannst du eine tolle, herbe Schokoglasur herstellen. Dazu schmilzt du einfach etwas Kokosöl und rührst das Kakaopulver ein.
Wir verwenden hierzu dunklen Rohkakao ohne Zuckerzusatz.

Schokolade. Mittlerweile gibt es eine große Auswahl an zuckerfreier und veganer Schokolade, die wunderbar schmeckt. Damit kannst du deine Köstlichkeiten wunderschön verzieren.

Kakaobutter. Aus Kakaobutter und Kakaopulver kannst du ebenso eine schön schmelzige Schokoglasur herstellen. Kakaobutter gibt es in Form von kleinen Drops, die du im Topf schmelzen kannst. Diese Schokoglasur hat etwas mehr Schmelz als die Variante aus Kokosöl und Kakao.

Nüsse & Saaten.
Außerdem verwenden wir leckere Mandeln, Nüsse, Cashewkerne, Pistazien, Haselnüsse oder Kürbiskerne. Diese bringen nicht nur viel Geschmack, sondern liefern viele gute Nährstoffe und Mineralien.
Es lohnt sich also, immer ein paar dieser Zutaten zu Hause zu haben. Auch hier gilt: Probiere einfach aus, was dir schmeckt!
Du hast keine Mandeln da? Dann teste einfach, wie dir das Rezept mit Cashewkernen schmeckt.

Haferflocken. In vielen unserer Rezepte verwenden wir Haferflocken. Sie geben den richtigen Biss, liefern viele wertvolle Ballast- und Nährstoffe und sind echte Sattmacher.
Haferflocken sind reich an komplexen Kohlenhydraten, die den Blutzuckerspiegel nur sachte ansteigen lassen.
Ob du ganz klassische Haferflocken oder lieber die glutenfreie Variante verwendest, bleibt dir überlassen.

Datteln nutzen wir natürlich zum Süßen, aber zudem sind sie besonders wichtig für die Konsistenz. Die Datteln halten alles zusammen und sind eine der wichtigsten Zutaten.

die zutaten.

Kokosöl ist eine Hauptzutat und wichtig für die Konsistenz und den Geschmack. Du solltest darauf achten, ein hochwertiges, kaltgepresstes Bio-Kokosöl zu verwenden – so profitierst du neben dem guten Geschmack zusätzlich von den guten Inhaltsstoffen des Öls. Win-win also.

Am besten verwendest du die dicken, klebrigen Medjool-Datteln. Sie sind lecker und voller guter Inhaltsstoffe. Kleinere Datteln tun es natürlich auch.
Datteln haben zwar einen hohen Zuckergehalt, allerdings sind sie auch sehr reich an Ballaststoffen und Mineralstoffen. Dadurch lassen sie deinen Blutzuckerspiegel nicht wie raffinierter Zucker schnell in die Höhe schießen, sondern langsam ansteigen. Alternativ können auch getrocknete Aprikosen oder Feigen verwendet werden.

Dattelsüße herstellen:

80 g Datteln über Nacht in 140 ml kaltes Wasser einweichen. Das Ganze zusammen im Mixer fein pürieren. Anschließend weitere 50 ml kaltes Wasser zugeben und kurz durchmixen. Fertig ist die ganz natürliche Dattelsüße, die du in vielen Rezepten verwenden kannst.

Im Kühlschrank wird die Masse nach ein paar Minuten fest. Möchtest du ein Nussmus oder Mandelbutter herstellen, dann benötigst du einen Hochleistungsmixer, der die Zutaten zu einer fast flüssigen Masse pürieren kann. Wir verwenden einen Foodprocessor, den ihr auf dem Bild rechts unten seht. Der schafft es wirklich alles in kürzester Zeit kurz und klein zu mahlen. Der Standmixer rechts oben ist eher für die flüssigen Rezepte geeignet, wie z. B. die Drinks.

mix it ...

Was du für die meisten Rezepte brauchst, ist ein guter Mixer, mit dem du die Zutaten fein zerkleinern kannst. Für unsere Bällchen und Riegel müssen alle Zutaten so weit zerkleinert werden, dass eine leicht klebrige Masse entsteht. Diese kann nach Belieben geformt werden.

ATTENTION : NE PAS UTILISER
SANS CE COUVERCLE EN POSITION
Pulse

KEEP IT SAFE. KEEP IT COOL.

auf bewahrung.

Damit die *raw bites* schön frisch und lecker bleiben, sollten sie luftdicht verpackt im Kühlschrank aufbewahrt werden.
Direkt aus dem Kühlschrank genossen schmecken sie auch am besten.

Dosen und Gläser aller Art eignen sich dafür natürlich besonders gut. Einfach die Bällchen und Riegel mit Butterbrotpapier in die Dose schichten und ab in die Kühlung. Sie halten sich so ziemlich lange – wenn sie nicht vorher vernascht werden.
Bei uns ist die Dose auf mysteriöse Weise immer leer.

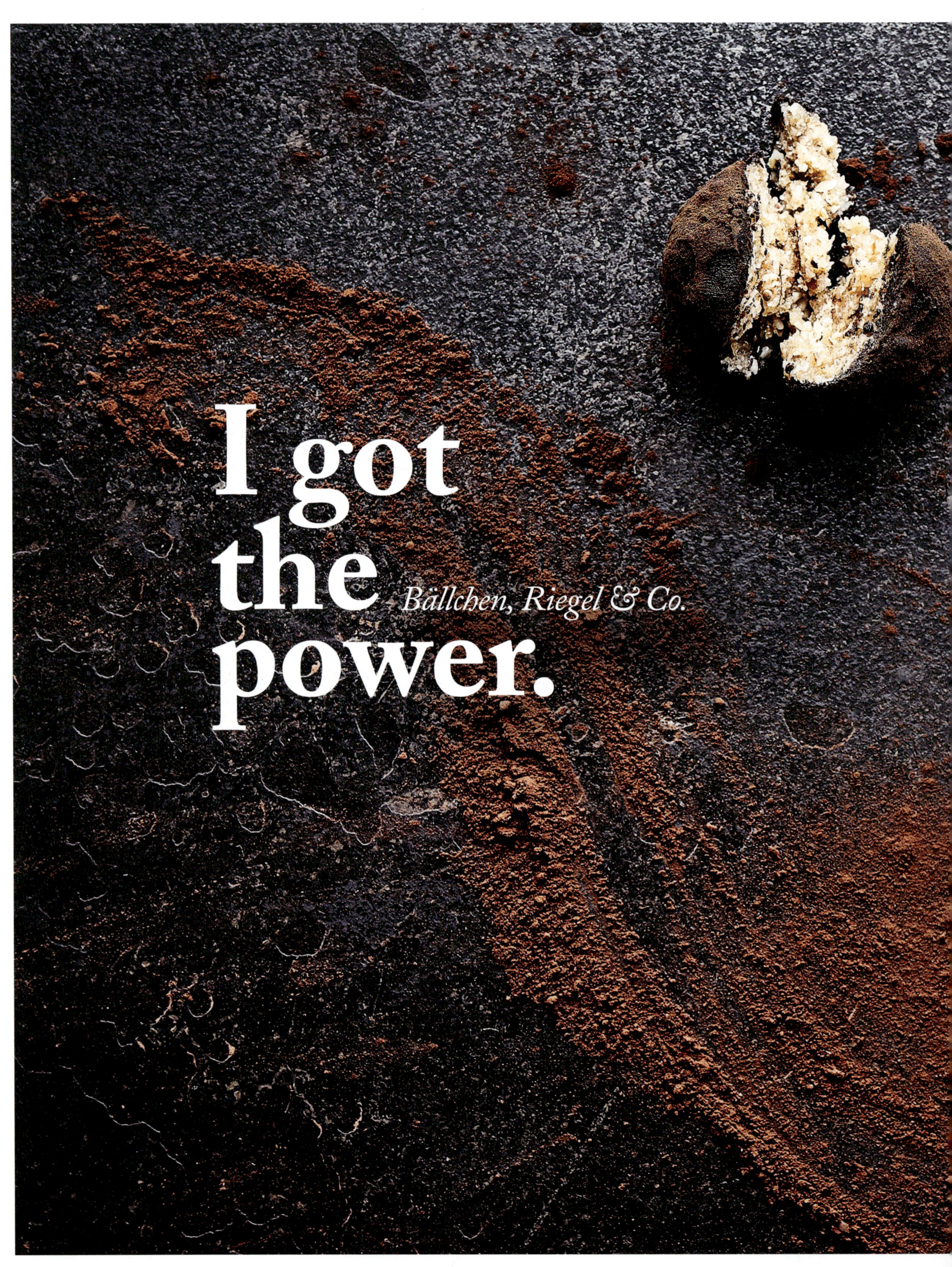
I got
the
power.
Bällchen, Riegel & Co.

BESTE ZUTATEN – SCHICKE PRALINEN

01.

Cashew-Mandel-Kugeln

20 g Mandeln und 20 g Cashewkerne mit dem Messer hacken, damit die Kugeln einen schönen „Crunch" haben und zur Seite stellen.
Die restlichen Mandeln und Cashewkerne zusammen mit den Datteln, dem Salz und dem Kokosöl im Mixer zu einer klebrigen Masse fein mahlen. Die gehackten Mandeln und Cashewkerne zum Schluss kurz untermixen. Die Masse in gleichgroße Kugeln formen und kalt stellen. Lecker!

Tipp: Diese Kugeln haben eine weiche Konsistenz und sind extrem lecker. Man kann sie auch gut in Kakao wälzen für ein bisschen Schokogeschmack.

Zutaten

ergibt ca. 12 Stück

60 g Mandeln

60 g Cashewkerne

80 g Datteln

1 Prise Fleur de Sel

2 EL Kokosöl

EASY PEASY TO MAKE

02.

Rosa Himbeer-Kokos-Schnitten

Die tiefgekühlten Himbeeren, Datteln, Haferflocken, Kokosöl und Kokosraspel in den Mixer geben und alles zu einer zarten rosa Masse mixen.
Auf Backpapier ca. 1–2 cm dick ausrollen und ein Rechteck formen. In gleichgroße Riegel schneiden und in Kokosraspeln wälzen. Im Kühlschrank luftdicht verpackt lagern und gut gekühlt genießen.

Tipp: Die Himbeer-Kokos-Schnitten bitte kühl lagern und innerhalb von 1–2 Tagen verbrauchen, wegen der frischen Himbeeren.

Zutaten

ergibt ca. 15 Stück

170 g TK Himbeeren

50 g Datteln

70 g Haferflocken

2 EL Kokosöl

70 g Kokosraspel

Kokosraspel zum Dekorieren

03.

Grandios-grüne Pistazienrauten

Pistazienkerne, Haferflocken, Cashewkerne, Kokosöl, Salz und Datteln in den Mixer geben und alles zu einer feinen Masse mixen. Auf Backpapier ca. 1 cm dick ausrollen und kurz kalt stellen. Gut gekühlt lassen sich nun schöne Rauten schneiden.
Die Rauten in geschmolzene Schokolade tauchen und mit gehackten Pistazien bestreuen.

Tipp: Die Masse muss recht lange gemixt werden bis die Konsistenz schön weich ist.
Passt gut zu dunkler Schokolade.

Zutaten

ergibt ca. 12 Stück

60 g Pistazienkerne

30 g Haferflocken

30 g Cashewkerne

1 EL Kokosöl

1 Prise Fleur de Sel

30 g Datteln

50 g dunkle Schokolade und einige gehackte Pistazien zum Dekorieren

Tipp 1: Frisch aus dem Tiefkühlfach schmecken die Ecken wie Kokoseis. Perfekt für den Sommer!

Tipp 2: In manchen Läden findest du Kokoscreme in Dosen. Solltest du keine Creme bekommen, kannst du auch den festen Teil von klassischer Kokosmilch verwenden. Für dieses Rezept brauchst du ca. 2 Dosen Kokosmilch.

KOKOS-KOKOLORES

04.

Kokos-Schoko-Ecken

Die Kokoscreme und das Kokosöl in einen Topf langsam schmelzen. Sobald es flüssig ist, Vanillemark, Zitronensaft und Dattelsüße hineingeben und gut verrühren. Anschließend die Kokosraspel dazu geben und so lange rühren, bis die Flüssigkeit gleichmäßig von den Kokosraspeln aufgesogen wurde. Die Masse ca. 2 cm dick ausrollen und gut andrücken. Für ca. 1 Stunde in den Gefrierschrank stellen. In der Zwischenzeit die Kakaobutter für die Glasur über dem Wasserbad schmelzen und mit Kakaopulver und Salz zu einer glatten Glasur verrühren. Die gefrorene Kokosmasse in kleine Ecken schneiden, mit der Schokoglasur beträufeln und mit ein paar Kokosraspeln verzieren.
Die fertigen Ecken noch einmal im Kühlschrank kalt stellen, bis die Glasur fest geworden ist.

Zutaten

ergibt ca. 12 Stück

125 g Kokoscreme (siehe Tipp 2)

50 g Kokosöl

Mark einer Vanilleschote

der Saft ½ Zitrone

3 EL Dattelsüße

(für „weiße" Ecken eher 3 EL Ahornsirup verwenden)

200 g Kokosraspel

für die Glasur:

50 g Kakaobutter

1–2 EL Kakaopulver

1 Prise Fleur de Sel

1 EL Kokosraspel zum Dekorieren

ROCK AND ROLL

05.

Himmlische Mandel-Kokos-Bällchen

Die Datteln, Mandeln und 30 g Kokosraspeln mit dem Kokosöl und dem Salz im Mixer zu einer geschmeidigen Masse mixen.
Die restlichen Kokosraspeln nur kurz untermischen.
Die Masse in Bällchen formen und kalt stellen.

Tipp: Die Bällchen können noch in Kakao gewälzt werden. Sehr lecker!

Zutaten

ergibt ca. 12 Stück

50 g Kokosraspel

70 g Datteln

70 g Mandeln

1 EL Kokosöl

1 Prise Fleur de Sel

One for you – one for me …

06.

Kürbis *im Quadrat*

Kürbiskerne, Datteln, Kokosöl und das Salz im Mixer schön fein mixen. Das dauert ein bisschen, da die Kürbiskerne recht hart sind. Die Masse ca. 1 cm dick ausrollen und kalt stellen.
Gut gekühlt lassen sich schöne Quadrate schneiden.
Für die Schokoglasur das Kokosöl schmelzen und mit dem Kakao und Salz glatt rühren.
Die Quadrate damit glasieren und mit gehackten Kürbiskernen verzieren. Lecker!

Zutaten

ergibt ca. 10 Stück

200 g Kürbiskerne geschält

40 g Datteln

2 EL Kokosöl

1 Prise Fleur de Sel

für die Glasur:

2 EL Kokosöl

1 EL Kakao

1 Prise Fleur de Sel

Tipp: Die Kürbisquadrate sind relativ herb und schmecken köstlich.

Zutaten

ergibt ca. 12 Stück

40 g Sonnenblumenkerne

40 g Haferflocken

40 g Datteln

2 EL Kakaopulver

1 TL Espressopulver (Instant)

2 EL Kokosöl

ca. 50 g Kuvertüre zum Dekorieren

FÜR DEN EXTRA SCHOKO-KICK

07.

Schoko-Espresso-Riegel

Sonnenblumenkerne, Haferflocken, Datteln, Kakaopulver, Espressopulver und Kokosöl im Mixer zu einer feinen Masse mixen. Ca. 2–3 cm dick ausrollen und kalt stellen. Gut gekühlt lässt sich die Masse in gleichmäßige Riegel schneiden und mit geschmolzener Kuvertüre beträufeln. Gekühlt lagern.

Tipp: Optional kannst du 1 EL gehackte Zartbitterschokolade untermischen, oder die Riegel am Ende in Espressopulver wälzen. Perfekt für Kaffeeliebhaber.

GEBALLTE RAW POWER

08.

Cranberry & Pistazien Bällchen

Haferflocken im Mixer sehr fein zu einer Art Mehl mahlen. Cranberries dazu geben und zu einer feinen Masse mixen. Dann erst die Pistazien und das Kokosöl dazugeben und nochmals kurz durchmixen, sodass die Pistazien noch ein wenig stückig sind. Zu Kugeln formen und im Kühlschrank lagern.

Tipp: Achte darauf ungezuckerte Cranberries zu kaufen.

Zutaten

ergibt ca. 10 Stück

3 EL Haferflocken

100 g getrocknete Cranberries

1 EL Pistazienkerne

1 EL Kokosöl

EASY PEASY LEMON SQUEEZY

09.

Mandel-Cashew-Limetten-Riegel

Cashewkerne, Mandeln und Datteln im Mixer fein mahlen. Kokosraspel, Salz, Limettensaft und Limettenabrieb hinzugeben und gut durchmixen. Je nach Geschmack ca. 1–2 cm dick ausrollen, in Rechtecke schneiden und mit Limettenabrieb verzieren. Gut gekühlt genießen.

Tipp: Diese Riegel sind eine leckere, frische Abkühlung für heiße Tage. Am besten direkt aus dem Kühlschrank genießen.

Zutaten

ergibt ca. 12 Stück

40 g Cashewkerne

40 g Mandeln

40 g Datteln

20 g Kokosraspel

1 Prise Fleur de Sel

Saft ½ Limette

Abrieb einer unbehandelten Limette

POWERFUL IN PINK

10.

Pink-Panther-Kokoskugeln

Die Haferflocken mit den Kokosraspeln und Datteln in den Mixer geben und alles grob zerkleinern. Anschließend Limettenabrieb, Salz und Kokosöl hinzugeben und so lange mixen, bis die Masse eine sehr feine und weiche Konsistenz hat. Den Teig zu kleinen Kugeln formen und diese in Himbeerpulver wälzen.
Die hübschen, pinken Bällchen noch ca. 30 Minuten in den Kühlschrank stellen, bis sie fest geworden sind.

Tipp: Die Bällchen sehen toll aus und sind hübsch verpackt ein schönes Geschenk!

Zutaten

ergibt ca. 12 Stück

70 g Haferflocken

50 g Kokosraspel

70 g Datteln

Abrieb einer unbehandelten Limette

1 Prise Fleur de Sel

2 EL Kokosöl

Himbeerpulver (getrocknete Himbeeren zu einem feinen Pulver gemahlen)

11.

Schoko-Mandel-Pralinen

Die Cashewkerne zusammen mit Mandeln, Datteln, Kokosöl und Salz in den Mixer geben und so lange mixen, bis die Masse schön weich und klebrig ist.
2 EL des Kakaopulvers ebenfalls hinzugeben und weiter mixen, bis die Masse eine schöne, schokoladige Farbe hat.
Anschließend zu kleinen Bällchen formen und im restlichen Kakaopulver rollen, bis sie dick ummantelt sind.
Ca. 30 Minuten im Kühlschrank kalt stellen und genießen.

Zutaten

ergibt ca. 12 Stück

60 g Cashewkerne

60 g Mandeln

80 g Datteln

2 EL Kokosöl

4 EL Kakao

1 Prise Fleur de Sel

MEGA MANDEL-SCHOKO-GENUSS

12.

Fantastische Mandel-Cashew-Riegel

Cashewkerne, Mandeln, Salz, Datteln und Kokosöl im Mixer zu einer weichen Masse mixen – es können ruhig noch ein paar Stückchen drin sein für etwas mehr Biss.
3/4 der Masse auf einem Blech ca. 1 cm dick ausrollen, den Rest zur Seite stellen.
Kakaobutter in einem Topf schmelzen und anschließend das Kakaopulver einrühren, bis keine Klümpchen mehr zu sehen sind.
Die Schokoglasur gleichmäßig auf der ausgerollten Masse verteilen und etwas glatt streichen.
Den Rest der Mandel-Cashew-Mischung als Streusel in die noch flüssige Schokolade bröseln.
Das Blech für ca. 1 Stunde in den Kühlschrank stellen, bis alles fest ist. Anschließend in Riegel schneiden und gekühlt genießen.

Zutaten

ergibt ca. 12 Stück

60 g Cashewkerne

60 g Mandeln

1 Prise Fleur de Sel

80 g Datteln

2 EL Kokosöl

80 g Kakaobutter

2 EL Kakaopulver

You are truly wonderful.

* *Himbeer-Kokos-Schnitten als Kugeln gerollt. Rezept Seite 25*

MANDELMANIA

13.

Mandelbällchen

Alle Zutaten zusammen in den Mixer geben und so lange mixen, bis die Masse schön weich und klebrig ist.

Anschließend zu kleinen Bällchen formen und z. B. mit ein paar Kokosraspeln verzieren.
Ca. 30 Minuten im Kühlschrank kalt stellen und genießen.

Zutaten

ergibt ca. 12 Stück

80 g Haferflocken

30 g Mandeln

50 g Mandelmus (siehe No. 41.)

50 g Datteln

2 EL Kokosöl

1 Prise Fleur de Sel

Kokosraspel zum Dekorieren

FEINER CEYLON-ZIMT MACHT DEN UNTERSCHIED

14.

Apfel-Zimt-Bällchen

Den Apfel entkernen und in grobe Stücke schneiden. Dann mit allen anderen Zutaten im Mixer zu einer klebrigen Masse verarbeiten. Kleine Bällchen daraus rollen und diese in Zimt wälzen.

Wichtig: Wenn du keinen Ceylon-Zimt, sondern eine andere Zimtsorte verwendest, musst du die Dosierung etwas anpassen.

Tipp: Die Apfel-Zimt-Bällchen im Kühlschrank lagern und innerhalb von 1–2 Tagen verbrauchen.

Zutaten

ergibt ca. 12 Stück

100 g Apfel

100 g Mandeln

100 g Haferflocken

50 g Datteln

2 EL Kokosöl

2 TL Ceylon-Zimt + etwas zum Bestäuben

1 Spritzer Zitronensaft

1 Prise Fleur de Sel

TONKABOHNE GIBT DEN FEINEN GESCHMACK

15.

Mandel-Tonkabohnen-Riegel

Als erstes die Mandeln in den Mixer geben und so lange mixen, bis sie fast zu Mandelmus werden. Dann alle weiteren Zutaten hinzugeben und mixen, bis eine klebrige Masse entsteht. Mit geriebener Tonkabohne abschmecken. Anschließend auf Backpapier ca. 1 cm dick ausrollen. Eine Stunde kalt stellen und dann in kleine Riegel schneiden. Wer mag, kann die Riegel mit Kuvertüre verzieren.

Zutaten

ergibt ca. 12 Stück

100 g Mandeln

100 g Haferflocken

50 g Datteln

2 EL Kokosöl

1 Prise Fleur de Sel

1 Prise fein geriebene Tonkabohne

Kuvertüre zum Dekorieren

NUTS ABOUT PEANUTS

16.

Lola's Peanut Cups

Haferflocken sehr fein im Mixer zu Mehl mahlen.
Dattelsüße, Salz, Peanutbutter und Kokosöl dazugeben und zu einer schön klebrigen Masse verarbeiten. Im Zweifel noch ein bisschen mehr Peanutbutter dazugeben.
Die Konsistenz sollte ziemlich fest sein. Auf Backpapier ca. 1 cm dick ausrollen und kalt stellen.

Die Schokolade mit dem Kokosöl im Wasserbad schmelzen und anschließend auf die erkaltete Peanutmasse geben. Nochmals kühlen und in Quadrate schneiden oder Kreise ausstechen und mit ein paar gehackten Erdnüssen bestreuen.

Vorsicht! Absoluter Suchtfaktor.

Zutaten

ergibt ca. 12 Stück

200 g Haferflocken

2 EL Dattelsüße

1 Prise Fleur de Sel

3 EL Peanutbutter (siehe Rezept No. 43.)

2–3 EL Kokosöl

Für die Glasur:

100 g dunkle Schokolade

2 EL Kokosöl

1 EL gehackte Erdnüsse zum Dekorieren

GORGEOUS GREEN

17.

Pistazienkugeln

Pistazienkerne, Haferflocken, Cashewkerne, Kokosöl, Salz und Datteln in den Mixer geben und alles zu einer sehr feinen Masse mixen.
Kugeln formen, mit gehackten Pistazien bestreuen und kalt stellen.

Tipp: Die Pistazien-Kugeln recht lange mixen, damit die Konsistenz schön weich wird.

Zutaten

ergibt ca. 12 Stück

70 g Pistazienkerne

30 g Haferflocken

20 g Cashewkerne

1 EL Kokosöl

1 Prise Fleur des Sel

30 g Datteln

gehackte Pistazien zum Dekorieren

ORANGE GIBT DEN KICK

18.

Fruchtige Orangenschnitten

Ein wenig Orangenabrieb für die Dekoration zur Seite stellen. Den restlichen Abrieb zusammen mit den Datteln, Kokosraspeln, Mandeln, Orangensaft, Vanille und Kokosöl in den Mixer geben. So lange zerkleinern, bis alles eine weiche Konsistenz hat. Die Masse auf einem Blech ca. 2 cm dick ausrollen und zu einem Rechteck formen. Ein paar Minuten kalt stellen und dann in kleine Riegel schneiden. Die fertigen Riegel nach Geschmack mit Kokosraspeln und Orangenabrieb dekorieren.

Tipp: Die Orangenschnitten im Kühlschrank lagern und innerhalb von 1–2 Tagen verbrauchen.

Zutaten

ergibt ca. 6 Stück

Abrieb einer unbehandelten Orange

30 g Datteln

3 EL Kokosraspel

40 g Mandeln

1 EL Orangensaft

Mark einer Vanilleschote

1 EL Kokosöl

Kokosraspel & Orangenabrieb zum Dekorieren

** Schoko-Haselnuss-Aufstrich. Rezept Seite 123*

Be bright.
Have fun.

NUTS AHEAD. NUSSIG, SCHOKOLADIG: MAG ICH!

19.

Haselnuss-Schoko-Stücke

Die Haselnüsse bei 200 °C für ca. 10 Minuten rösten, bis sie goldbraun werden und duften. Anschließend kurz abkühlen lassen. Die dunkle Haut der Haselnüsse lässt sich jetzt sehr leicht abrubbeln. Die jetzt hellen Nüsse zusammen mit den Haferflocken, dem Kokosöl und den Datteln im Mixer zerkleinern, bis die Masse eine leicht klebrige Konsistenz hat.
Anschließend alles zu einer Kugel formen und ca. 1 cm dick ausrollen. Die Haselnussmasse mit der Kuvertüre und ein paar gehackten Haselnüssen verzieren.
Ca. 30 Minuten kalt stellen und dann in grobe Stücke schneiden.

Tipp: Die Stücke sind nicht zu süß, sondern herb und kernig. Wer Haselnüsse mag, wird dieses Rezept lieben.

Zutaten

100 g Haselnüsse

100 g Haferflocken

5 EL Kokosöl

50 g Datteln

ca. 50 g Zartbitter-Kuvertüre und ein paar Haselnüsse zum Dekorieren

20.

Mandel-Kokos-Rauten

Mandeln, Datteln, Salz und Kokosöl im Mixer zu einer klebrigen Masse verarbeiten. Den Teig möglichst dünn – ca. 0,5 cm – auf Backpapier ausrollen. Für die Glasur das Kokosöl im Wasserbad schmelzen und den Kakao untermischen. Die Schokosoße mit einem Löffel über den Teig träufeln und mit gehackten Mandeln oder Kokosraspeln bestreuen.

Eine Stunde kalt stellen und mit einem scharfen Messer in schöne Rauten schneiden.

Gut gekühlt genießen!

Zutaten

ergibt ca. 16 Stück

200 g Mandeln

100 g Datteln

1 Prise Fleur de Sel

2–3 EL Kokosöl

für die Glasur:

1–2 EL Kokosöl

1 TL Kakao

1 EL gehackte Mandeln oder Kokosraspel

PRALINEN MIT ZARTEM VANILLEDUFT

21.

Edle Vanille-Mandel-Pralinen

Die Mandeln, Datteln, Salz, Vanillemark und Kokosöl im Mixer zu einer möglichst glatten, feinen Masse mixen.

Den Teig in ca. 12 kleine Kugeln formen und in der Vanille-Kokos-Mischung wälzen.
Gut gekühlt genießen!

Tipp: Hübsch verpackt sind die Pralinen ein besonderes Geschenk!

Zutaten

ergibt ca. 12 Stück

200 g Mandeln

100 g Datteln

1 Prise Fleur de Sel

Mark von 1–2 Vanilleschoten

2–3 EL Kokosöl

Deko: Etwas Vanillemark mit Kokosraspeln mischen und die Pralinen darin wälzen.

DEATH BY CHOCOLATE

22.

Double-Schoko-Pralinen

Haferflocken, Mandeln und Datteln zusammen mit Kakaopulver, Kakaonibs und Kokosöl in den Mixer geben.
Zu einer feinen, weichen Masse verarbeiten. Kleine Kugeln formen und ca. 1 Stunde im Kühlschrank kalt stellen.
Für die Glasur das Kokosöl schmelzen und mit dem Kakao und dem Salz glatt rühren. Ein paar Minuten zur Seite stellen, bis die Glasur leicht abgekühlt und etwas dickflüssiger geworden ist.
Anschließend die erkalteten Bällchen nach Lust und Laune mit der Schokoglasur verzieren.

Zutaten

ergibt ca. 12 Stück

60 g Haferflocken

60 g Mandeln

30 g Datteln

2 EL Kakaopulver

2 EL Kakaonibs

2 EL Kokosöl

Für die Glasur:

2 EL Kokosöl

2 EL Kakaopulver

1 Prise Fleur de Sel

23.

Mega-Chocolate-Kugeln

Die Mandeln, Haferflocken und Datteln im Mixer schön fein mixen. Alles mit Salz, Kakaopulver und Kokosöl zu einer klebrigen Masse verarbeiten.

In gleichgroße Kugeln formen und kalt stellen.
Gut gekühlt genießen.

Tipp: Die Kugeln können noch in Kakao gewälzt werden für extra leckeren Schokogeschmack.

Zutaten

ergibt ca. 12 Stück

100 g Mandeln

100 g Haferflocken

60 g Datteln

1 Prise Fleur de Sel

1 EL Kakaopulver

4 EL Kokosöl

Kakaopulver zum Wälzen

24.

Pistazien-Kürbis-Riegel

Die Haferflocken zusammen mit Datteln, Kokosöl und Salz im Mixer grob zerkleinern.
Kürbiskerne und Pistazien ein wenig später dazugeben.
Alles so lange mixen, bis eine klebrige Masse entsteht.
Die Masse ca. 1 cm dick ausrollen und ein Rechteck formen.
Ein paar Minuten kalt stellen.
In der Zwischenzeit die Kuvertüre bei mittlerer Hitze schmelzen.
Die Masse nach Belieben mit der Kuvertüre, gehackten Pistazien und Kürbiskernen verzieren.
Ein paar Minuten kalt stellen, bis alles fest geworden ist.
Anschließend mit einem scharfen Messer in Riegel schneiden.

Tipp: Die Riegel sind nicht zu süß, sondern kernig und herb. Sie haben eine wunderschöne Farbkombination aus grün und lila.

Zutaten

ergibt ca. 10 Stück

100 g Haferflocken

40 g Datteln

4 EL Kokosöl

1 Prise Fleur de Sel

40 g Kürbiskerne

20 g Pistazien (geschält)

50 g weiße Kuvertüre

ein paar Pistazien & Kürbiskerne zum Dekorieren

peace,
love &
good food.

* *Schoko-Mandel-Pralinen. Rezept Seite 45*

SAFTIG + FUDGY MIT VANILLE. MAKES YOU HAPPY.

25.

Happy Carrot Cake Balls

Die Möhren möglichst fein raspeln und zusammen mit den restlichen Zutaten in den Mixer geben. So lange mixen, bis alle Zutaten fein zermahlen sind und der Teig eine klebrige Konsistenz hat.
Die Masse zu kleinen Bällchen formen und diese je nach Geschmack in Kokos- oder Möhrenraspeln wälzen. Anschließend kalt stellen.

Tipp: Die Bällchen im Kühlschrank lagern und innerhalb von 1–2 Tagen gut gekühlt genießen.

Zutaten

ergibt ca. 12 Stück

4 EL fein geraspelte Möhre

100 g Mandeln

60 g Datteln

2 EL Kokosöl

Mark einer Vanilleschote

1 Prise Fleur de Sel

Kokosraspel und fein geraspelte Möhre zum Dekorieren

** Schoko-Haselnuss-Brownies. Rezept Seite 82*

Eat
less
sugar –
you are
sweet
enough.

LOVE, PEACE AND BROWNIES

26.

Schoko-Haselnuss-Brownies

Die Brownies werden in zwei Schichten aufgebaut.
Erst alle Zutaten für die Basis im Mixer fein zerkleinern und auf ein mit Backpapier ausgelegtes Blech ca. 1 cm dick ausrollen.
Kalt stellen!
Die Zutaten für den Belag ebenfalls fein im Mixer zerkleinern und auf der gekühlten Basis verteilen. Ein paar gehackte Haselnüsse als Deko darauf streuen und andrücken. Kühl aufbewahren, aber bei Zimmertemperatur genießen.

Tipp: Die Brownies sind köstlich und sehr schokoladig – wie echte Brownies eben!

Zutaten

ergibt ca. 6 Stück

Basis:

100 g Datteln

200 g Haselnüsse

3 EL Kakao

2 EL Kokosöl

1 EL Dattelsüße

Belag:

80 g Datteln

20 g Kakao

2 EL Kokosöl

100 ml Mandeldrink

STRAWBERRY FIELDS FOREVER

27.

Frozen Erdbeerwürfel

Alle Zutaten zusammen in den Mixer geben und zu einer feinen Masse verarbeiten. Anschließend in Förmchen (z. B. Silikon-Eiswürfelförmchen) füllen, fest andrücken und 1 Stunde im Gefrierfach fest werden lassen.
Diese fruchtigen Pralinen schmecken schon pur ganz wunderbar. Wer möchte, kann sie noch mit einer Schokoglasur verfeinern. Für die Schokoglasur die Kuvertüre über dem Wasserbad schmelzen und die Würfel damit bestreichen. Ein paar gefriergetrocknete Erdbeeren zu Pulver mahlen und die Würfel damit verzieren.

Tipp: Die Erdbeerwürfel sollten unbedingt im Tiefkühlfach aufbewahrt werden.

Zutaten

ergibt ca. 8 Stück (je nach Förmchen)

200 g Erdbeeren gerne auch TK

80 g Datteln

60 g Kokosraspel

2 EL Kokosöl

50 g weiße Kuvertüre und

ein paar gefriergetrocknete Erdbeeren zum Dekorieren

GENUSS MIT NUSS

28.

Nussige Walnuss-Schnitten

Die Walnüsse können vorab bei 160 °C im Ofen ca. 10 Minuten geröstet werden. Das intensiviert den Geschmack, muss aber nicht zwingend sein. Vor der Weiterverarbeitung gut abkühlen lassen. Die Walnüsse zusammen mit den Haferflocken, dem Kokosöl und den Datteln im Mixer zerkleinern, bis die Masse eine leicht klebrige Konsistenz hat. Anschließend ca. 1 cm dick zu einem Rechteck ausrollen. Die Walnussmasse mit der Kuvertüre und ein paar gehackten Walnüssen verzieren. Ca. 30 Minuten kalt stellen, bis alles fest geworden ist und in daumendicke Schnitten schneiden. Bis zum Verzehr kalt stellen und gut gekühlt genießen.

Tipp: Die Schnitten sind etwas herb – wer Walnüsse mag, wird sie lieben.

Zutaten

ergibt ca. 12 Stück

100 g Walnüsse

100 g Haferflocken

5 EL Kokosöl

50 g Datteln

50 g Zartbitterkuvertüre und

ein paar Walnüsse zum Dekorieren

29.

Riegel *mit X ...*

Für den Teig Haferflocken, Mandeln, Datteln, Kokosöl und Salz im Mixer zu einer feinen Masse verarbeiten. Auf einem Blech ca. 1,5 cm dick ausrollen und in den Kühlschrank stellen. Für das Karamell die Datteln mit dem Wasser und der Prise Salz im Mixer sehr gut durchmixen. Die Datteln sollten vollständig zerkleinert sein und eine cremige Konsistenz haben. Bei Bedarf noch ein bisschen Wasser zugeben. Den Teig aus der Kühlung nehmen und großzügig mit dem Karamell bestreichen. Wieder ca. 1 Stunde kühlen. Für die Glasur die Kuvertüre mit dem Kokosöl im Wasserbad schmelzen und leicht abkühlen lassen. Teig-Karamell-Schicht aus der Kühlung nehmen, in ca. 8 cm lange, daumendicke Riegel schneiden und mit der Glasur ummanteln.

Zutaten

ergibt ca. 10 Stück

Teig:

100 g Haferflocken

60 g Mandeln

2–3 Datteln

2–3 EL Kokosöl

1 Prise Fleur de Sel

Karamell:

200 g Datteln

4–5 EL Wasser

knapp 1 TL Fleur de Sel

Glasur:

150 g Kuvertüre

1 EL Kokosöl

Tipp: Dies ist Lolas liebstes Rezept.
Die Riegel sind etwas aufwendiger, aber es lohnt sich, denn sie schmecken besser als das „Original".
Auch toll: etwas Fleur de Sel auf die Riegel streuen!

Zutaten

ergibt ca. 12 Stück

200 g Haselnüsse

70 g Datteln

3 EL Kokosöl

1 Prise Fleur de Sel

Glasur:

50 g Kakaobutter

1 EL Kakao

1 Prise Fleur de Sel

wer mag: 1 EL Dattelsüße

Deko: Pistazien, Kokosflocken, Pekannüsse, Rosenblüten, Fleur de Sel o. ä.

Lass deiner Kreativität freien Lauf.

KUNTERBUNTE SCHOKOLADEN

30.

Schokodrops

Die Haselnüsse in den Mixer geben und zu einem groben Haselnussmehl mahlen. Die Datteln zusammen mit Kokosöl und Salz zu den gemahlenen Nüssen geben. Alles zusammen so lange weiter mixen, bis die Masse eine klebrige Konsistenz hat. Anschließend zu einer Kugel formen und ca. 10 Minuten in den Kühlschrank stellen. In der Zwischenzeit die Kakaobutter im Wasserbad schmelzen. Sobald sie flüssig geworden ist, mit dem Schneebesen Kakaopulver und Salz unterrühren bis eine glatte Glasur entsteht. Die Schokoglasur schmeckt herb und ist ein netter Kontrast zu der süßen Haselnussmasse. Wer es gerne etwas süßer mag, kann noch 1 EL Dattelsüße unterrühren. Alternativ kannst du auch die Kakaobutter 1:1 durch zuckerfreie, dunkle Kuvertüre ersetzen.

Die leicht gekühlte Haselnussmasse zwischen zwei Lagen Backpapier ca. 1 cm dick ausrollen. Nun mit einem runden Keksausstecher kleine Taler ausstechen und auf ein Blech legen.

Mit einem Löffel die Schokoglasur in die Mitte der Taler träufeln und bis zum Rand hin verstreichen. Anschließend kannst du die Taler nach Lust und Laune verzieren. Regeln gibt es nicht. Alles, was schmeckt, ist erlaubt.

Die fertigen Taler noch für ca. 30 Minuten in den Kühlschrank stellen, bis die Schokoglasur fest geworden ist.

Tipp: Solltest du keinen runden Ausstecher zu Hause haben, kannst du auch ein kleines Glas verwenden.

DO DO DONUT LOVE

31.

Vanille-Cashew-Donuts

Zutaten

ergibt ca. 10 Stück

100 g Mandeln

100 g Cashewkerne

60 g Datteln

2 EL Kokosöl

Mark einer Vanilleschote

1 Prise Fleur de Sel

Glasur: 50 g weiße Kuvertüre

Deko:

2 EL gehackte Pistazien

1 EL getrocknete Rosenblüten

Die Mandeln und Cashewkerne zusammen mit den übrigen Zutaten in den Mixer geben und zu einer möglichst feinen Masse verarbeiten. Das kann je nach Mixer ca. 1–2 Minuten dauern. Je feiner die Masse zermahlen ist, desto leichter lassen sich später die Donuts formen. Ein wenig Geduld lohnt sich hier also.

Die Masse zu ca. 10 Kugeln formen. Anschließend die Kugeln zwischen den Händen leicht platt drücken und mit dem Finger oder einem Löffelstiel ein kleines Loch in die Mitte bohren.

Achte darauf, dass die Masse zwischen deinen Händen nicht zu warm wird. Sonst kann es passieren, dass die Donuts etwas bröselig werden.

Die fertig geformten Donuts auf ein Blech legen und für ca. 30 Minuten kalt stellen.

Anschließend die Kuvertüre im Wasserbad schmelzen und die Donuts zur Hälfte in die Kuvertüre tunken und verzieren. Wir haben gehackte Pistazien und Rosenblüten verwendet, weil es so hübsch aussieht.

Die verzierten Donuts kalt stellen, bis die Glasur fest geworden ist.

32.

Dark Tahini Fudge

Alle Zutaten zusammen in den Mixer geben und gut durchmixen, bis eine homogene Masse entsteht. Die Masse in Förmchen füllen (z. B. Silikon-Eiswürfelförmchen) und kalt stellen.

Tipp: Das Fudge schmilzt sehr schnell – also am besten direkt aus dem Kühlschrank oder Eisfach genießen. Einfach göttlich!

Zutaten

ergibt ca. 8 Stück (je nach Förmchen)

75 g Tahini

60 g Kokosöl

10 g Kakaopulver

1 Prise Fleur de Sel

1 EL Dattelsüße

WEISSER SCHOKOGENUSS

33. White Fudge

Alle Zutaten zusammen in den Mixer geben und gut durchmixen, bis eine homogene Masse entsteht. Die Masse in Förmchen füllen (z. B. Silikon-Eiswürfelförmchen) und kalt stellen.

Tipp: Das Fudge schmilzt sehr schnell – also am Besten direkt aus dem Kühlschrank oder Eisfach genießen! Köstlich!

Zutaten

ergibt ca. 8 Stück (je nach Förmchen)

75 g weißes Mandelmus

45 g Kokosöl

1–2 EL Dattelsüße

1 Prise Fleur de Sel

SÜCHTIG NACH …

34.

Yummie Cookie Dough

Mandeln im Mixer zu einem feinen Mehl mahlen. Kokosöl, Erdnussbutter, Datteln, Salz und Vanille dazugeben und gut durchmixen, aber nicht zu fein. Schokolade hacken und unter den Teig mischen.
Den Teig in eine kleine Schüssel füllen und kalt stellen.
Für die Glasur das Kokosöl, Erdnussbutter und Schokolade schmelzen, verrühren und über den Cookieteig träufeln. Alles im Kühlschrank fest werden lassen und einfach löffeln.

Tipp: Luftdicht verschlossen hält sich der Cookie Dough 2–3 Tage im Kühlschrank.
Schmeckt großartig auf Eis!

Zutaten

150 g Mandeln

3 EL Kokosöl

4 EL Erdnussbutter

50 g Datteln

1 Prise Fleur de Sel

Mark einer Vanilleschote

50 g Schokolade

Für die Glasur:

½ EL Kokosöl

1 EL Erdnussbutter

50 g Schokolade

Damit deine Köstlichkeiten nicht nur gut schmecken, sondern auch hübsch aussehen, kannst du sie nach Lust und Laune dekorieren. Glasieren, wälzen oder bestäuben. Ausprobieren und austoben heißt es hier – erlaubt ist alles, was schmeckt und gefällt. Hier ein paar Vorschläge:

TOPPINGS FÜR BÄLLCHEN, RIEGEL & CO.

top of the pops.

pimp the taste

Der köstliche Klassiker: Gewälzt in Kakaopulver.

Kokoslove: Rollen in Kokosflocken.

Kerniger Genuss: Rollen in schwarzem oder weißem Sesam.

Farbrauschfestival: In Frucht- oder Matchapulver wälzen.

Schokoschock: Mit geschmolzener Schokolade dekorieren.

Black Beauty: In Mohn wälzen.

Nuts about nuts: Mit gehackten Nüssen bestreuen.

Glasur macht die Bällchen schokoladiger.

GLASUREN FÜR BÄLLCHEN, RIEGEL & CO.

die glasur.

Bällchen und Riegel können ganz einfach mit einer Glasur dekoriert und noch leckerer gemacht werden.

Glasur aus Kuvertüre & Co.
Einfach zuckerfreie Kuvertüre schmelzen und nach Herzenslust dekorieren.

Glasur aus Kokosöl & Kakao
Für diese Glasur einfach 2 EL geschmolzenes Kokosöl und 1 EL Kakaopulver vermischen und zu einer glänzenden Glasur verrühren. Gekühlt wird sie wieder fest.

Glasur aus Kakaobutter
3 EL Kakaobutter-Drops schmelzen und mit 1 EL Kakaopulver und einer Prise Fleur de Sel vermischen. Dies ist eine reichhaltige, vegane Glasur mit zartem Schmelz.

crunchy granola.

Müslis & Drinks

35.

Buchweizen-Schoko-Müsli

Kokosöl schmelzen und mit Dattelsüße, Kakaopulver und Salz verrühren.
In einer Schüssel Buchweizen, Mandeln, Haferflocken und Cashewkerne vermischen.
Die trockenen Zutaten mit der Kokosölmischung übergießen und zügig verrühren.
Die Masse gleichmäßig auf einem mit Backpapier ausgelegten Backblech verteilen.
Bei 160 °C ca. 15–20 Minuten rösten, dabei alle 5 Minuten wenden. Bitte das Müsli gut im Auge behalten, damit es nicht anbrennt. Gut auskühlen lassen und in Gläser füllen. Luftdicht aufbewahren.

Tipp: Das Müsli schmeckt köstlich mit Haferdrink oder auf Kokosjoghurt gestreut!

Zutaten

50 ml Kokosöl

80 ml Dattelsüße

2 EL Kakaopulver

½ TL Fleur de Sel

120 g Buchweizen

100 g gehackte Mandeln

250 g Haferflocken

75 g gehackte Cashewkerne

36.

Super crunchy Almond Granola

Kokosöl schmelzen und mit Dattelsüße, Vanille und Salz verrühren.
In einer Schüssel alle trockenen Zutaten mischen und mit der Kokosölmischung übergießen.
So lange rühren, bis sich alles gut verteilt hat und es keine trockenen Stellen mehr gibt.
Die Masse gleichmäßig auf einem mit Backpapier ausgelegten Backblech verteilen.
Bei 160 °C ca. 25–30 Minuten rösten und dabei mehrmals wenden (ca. alle 10 Minuten).
Gut auskühlen lassen und in Gläser füllen. Luftdicht aufbewahren.

Tipp: Dieses Granola hat eine leichte Süße. Wer es süßer mag, kann gern die Menge an Dattelsüße verdoppeln.

Zutaten

3 EL Kokosöl

50 ml Dattelsüße

Mark einer Vanilleschote

¼ TL Fleur de Sel

200 g Haferflocken

100 g Mandeln

50 g Kokoschips

CHA CHA CHIA GLÜCKLICH

37.

Kokos-Mandel-Chia-Crunch

Kokosöl schmelzen und mit der Dattelsüße mischen. Haferflocken, gehackte Mandeln, Chiasamen, Kokosflocken, Kokoschips, Vanille, Salz und Zimt gut vermischen.
Die trockenen Zutaten mit der Kokosölmischung übergießen und zügig verrühren.
Die Masse gleichmäßig auf einem mit Backpapier ausgelegten Backblech verteilen.
Bei 160 °C ca. 25–30 Minuten rösten, dabei mehrmals wenden.
Das Granola gut im Auge behalten, damit es nicht anbrennt.
Gut auskühlen lassen und in Gläser füllen.
Luftdicht aufbewahren.

Tipp: Das Müsli schmeckt einfach köstlich mit Joghurt und Obst.

Zutaten

60 ml Kokosöl

100 ml Dattelsüße

100 g kernige Haferflocken

100 g feine Haferflocken

100 g Mandeln

30 g Chia Samen

50 g Kokosflocken

50 g Kokoschips

Mark einer Vanilleschote

1 Prise Fleur de Sel

½ TL Zimt

38.

Mega Banana Granola

Bananen schälen, würfeln und mit Kokosöl, Vanille, Zimt und Salz im Mixer fein pürieren.
In einer Schüssel alle trockenen Zutaten mischen und mit dem Bananenpüree verrühren.
So lange rühren, bis sich alles gut verteilt hat und es keine trockenen Stellen mehr gibt.
Die Masse gleichmäßig auf einem mit Backpapier ausgelegten Blech verteilen.
Bei 160 °C ca. 25–30 Minuten rösten, dabei mehrmals wenden.
Das Granola gut im Auge behalten, damit es nicht anbrennt.
Gut auskühlen lassen und in Gläser füllen.
Luftdicht aufbewahren.

Tipp: Dieses leckere Granola kann je nach Geschmack mit Saaten und Nüssen variiert werden – yummie!

Zutaten

2 reife Bananen

4 EL Kokosöl

Mark einer Vanilleschote

1 TL Zimt

1 Prise Fleur de Sel

100 g Sonnenblumenkerne

100 g Mandeln gehackt

50 g Haferflocken oder Dinkelflocken

50 g Leinsamen

50 g Kokosraspel

50 g Chiasamen

39.

Mandeldrink

Die Mandeln 8–10 Stunden in kaltem Wasser quellen lassen. So lassen sie sich später leichter zerkleinern. Das Wasser abgießen und die Mandeln mit 1 Liter frischem Wasser im Mixer sehr fein pürieren.
Den Mandeldrink durch ein dünnes, sauberes Küchentuch passieren. Dafür eine Schüssel mit dem Tuch auslegen, den Mandeldrink hineingießen und abtropfen lassen. Zum Schluss die Mandelmasse per Hand auspressen und in Flaschen füllen.
Auf die gleiche Art kannst du auch andere Nussdrinkvarianten mit Cashew-, Pekan-, Macadamia- oder Haselnüssen zubereiten.
Auch Mischungen verschiedener Nusssorten ergeben köstliche Drinks. Gut verschlossen hält der Drink sich im Kühlschrank für 2–3 Tage.

Zutaten für ca. 1 Liter

250 g Mandeln

1 Liter Wasser

Tipp: Die Mandelmasse kannst du trocknen und als Mehl zum Backen verwenden.

ALMOND
MANDEL

40.

Hafer-Cashew-Drink

Zutaten für ca. 1 Liter

30 g Cashewkerne
1 Liter kaltes Wasser
2 Datteln bzw.
2 EL Dattelsüße
1 Prise Fleur de Sel
100 g Haferflocken

Cashewkerne in kaltem Wasser für min. 3–4 Stunden einweichen. Das Wasser abgießen und die Cashewkerne zusammen mit 1 Liter frischem Wasser, den Datteln und der Prise Salz in den Mixer geben.

So lange mixen, bis die Datteln und die Cashewkerne fein zermahlen sind. Erst dann die Haferflocken dazugeben und maximal 15 Sekunden lang auf höchster Stufe mixen.

Den Haferdrink durch ein dünnes, sauberes Küchentuch passieren und in saubere Flaschen füllen.

Gut verschlossen hält der Drink sich im Kühlschrank für 2–3 Tage.

Infos zum Haferdrink
Einen richtig leckeren Haferdrink herzustellen, ist wirklich knifflig. Wir haben viel getestet und experimentiert. Das Ergebnis ist ein wirklich leckerer, leicht cremiger Haferdrink für dein Müsli.
Kalt schmeckt er richtig gut!
Aber wir sagen ganz ehrlich, wie es ist: Im Kaffee kommt einfach nichts an industriell hergestellten Haferdrink ran! So ist es einfach.

Unser Haferdrink schmeckt super, setzt sich aber im warmen Kaffee schnell ab. Hier fehlt einfach die Prise Chemie, die verhindert, dass sich die Bestandteile trennen. Geschmack hui, Optik pfui quasi.

Was du über selbstgemachten Haferdrink wissen musst:
Du solltest hierfür immer nur fertige Haferflocken verwenden. Frischer, selbst geflockter Hafer enthält zwar viele tolle Inhaltsstoffe und Öle, wird aber genau deshalb schnell ranzig – und das schmeckt gar nicht gut. Verwende unbedingt nur kaltes Wasser. Außerdem solltest du die Haferflocken vor dem Mixen niemals einweichen. Das fördert die Bildung von Schleimstoffen. Und glaube uns, das willst du nicht. Genau dasselbe gilt für die Zeitangabe im Rezept. Du darfst die Haferflocken tatsächlich nicht länger als 15 Sekunden mixen, sonst werden sie schleimig. Wenn du mehr Hafergeschmack möchtest, gib lieber mehr Haferflocken dazu, aber mixe sie auf keinen Fall länger als 15 Sekunden.

Dieser Haferdrink eignet sich nicht für Heißgetränke.
Du kannst ihn ganz leicht und vorsichtig erwärmen, aber bitte nicht aufkochen: Thema Schleim.

Mit der Zeit setzen sich in der Flasche ein paar Schwebteilchen am Boden ab, das ist ganz normal. Vor Gebrauch einfach ordentlich schütteln und schon verteilt sich alles wieder gleichmäßig.

Die Cashewkerne sorgen durch ihren hohen Fettgehalt für eine gewisse Cremigkeit. Durch sie lässt sich der Haferdrink auch schön aufschäumen (kalt). Wenn du Allergiker bist oder keine Cashewkerne im Haus hast, lass sie einfach weg. Der Haferdrink schäumt dann zwar weniger, schmeckt aber trotzdem sehr gut.

Pimp your Haferdrink
Du kannst deinen Haferdrink auch noch etwas verfeinern, indem du das Mark einer Vanilleschote bzw. einen Schuss Vanilleextrakt hinzu gibst. Oder gib noch 1 EL Kakaopulver dazu und mixe dir einen leckeren Schokodrink.

Wie immer gilt:
Experimentieren erwünscht.
Have fun!

spread
the
word.
Aufstriche & Marmeladen

SO CREAMY UND SO GUT – ZU ALLEM!

41.

Mandelmus

Die Mandeln auf einem Backblech verteilen und bei 135 °C ca. 20 Minuten sanft rösten, dabei mehrmals wenden. Leicht abkühlen lassen und dann im Mixer kurz durchmixen – 5 Minuten stehen lassen, damit sich die Öle entfalten können. Dann weitermixen, bis die Mandeln fast schon flüssig und cremig werden. Mit einer Prise Salz abschmecken und in Gläser füllen.

Tipp: Das Anrösten der Mandeln ergibt einen intensiveren Mandelgeschmack. Es geht auch mit ungerösteten Mandeln – reine Geschmackssache. Ebenso kann man die Mandeln auch häuten, dann erhält man eine weiße Mandelbutter, die etwas feiner daher kommt.

Zutaten

400 g Mandeln

1 Prise Fleur de Sel

PERFEKTE ALTERNATIVE FÜR HASELNUSSCREME-LOVER

42.

Schoko-Haselnuss-Aufstrich

Die Haselnüsse auf einem Backblech verteilen und bei 135 °C ca. 20 Minuten sanft rösten, dabei mehrmals wenden. Möglichst heiß zwischen den Händen oder einem Küchentuch reiben, so löst sich die dünne, dunkle Haut der Haselnüsse. Die geschälten Nüsse im Mixer kurz durchmixen, dann 5 Minuten stehen lassen, damit sich die Öle entfalten können. Das Kokosöl, die Dattelsüße, den Kakao und die Vanille hinzugeben und weitermixen, bis die Masse cremig und möglichst fein wird. Mit einer Prise Salz abschmecken und in Gläser füllen.

Tipp: Der Aufstrich hält sich ca. 1 Woche im Kühlschrank. Sollte der Aufstrich zu fest sein, vor dem Genießen einen Schuss Mandeldrink einrühren, das macht schön cremig. Kinder lieben diesen Aufstrich!

Zutaten

400 g Haselnüsse

3–4 EL Kokosöl

ca. 3 EL Dattelsüße

3–4 EL Kakaopulver

Mark einer Vanilleschote

1 Prise Fleur de Sel

NUTS AND I LOVE IT!

43.

Peanutbutter

Ungesalzene Erdnüsse – schon gepellt verwenden – oder alternativ Erdnüsse in der Schale einfach knacken und abwiegen.
Die Erdnüsse auf einem Backblech verteilen und bei 135 °C ca. 20 Minuten sanft rösten, dabei mehrmals wenden.
Abkühlen lassen und dann im Mixer ganz kurz durchmixen.
5 Minuten stehen lassen, damit sich die Öle entfalten können.
Dann weitermixen, bis die Erdnüsse fast schon flüssig und cremig werden. Mit einer Prise Salz abschmecken und in Gläser verteilen.

Tipp: Das Rösten der Erdnüsse ergibt einen viel intensiveren Geschmack. Wer mag, kann 1 EL Dattelsüße einrühren für ein bisschen Süße. Die Erdnussbutter schmeckt auf Brot, kann aber auch super im Müsli oder für Eis verwendet werden.

Zutaten

400 g Erdnüsse

1 Prise Fleur de Sel

caramel love

44.

Vanille-Karamell

Datteln, Wasser, Vanille und Salz im Mixer fein mixen.
Die Konsistenz soll cremig, aber nicht zu weich sein. Es kommt etwas auf die Qualität der Datteln an. Falls nötig, tröpfchenweise noch etwas Wasser zugeben.

Das Karamell in Gläser füllen und im Kühlschrank aufbewahren. Innerhalb von 2–4 Tagen verbrauchen.

Tipp: Das Karamell schmeckt sehr gut als Topping auf Müsli-Bowls.

Zutaten

200 g Datteln

4 EL Wasser

Mark einer Vanilleschote

1 Prise Fleur de Sel

KARAMELL ALS TOPPING – CREAMY!

45.

Mandel-Dattel-Karamell

Datteln, Mandeldrink, Mandelbutter und Salz im Mixer gut durchmixen.
Die Konsistenz soll cremig und leicht flüssig sein. Evtl. noch einen Schuss Mandeldrink zugeben.
Das Karamell in Gläser füllen und im Kühlschrank aufbewahren.
Innerhalb von 2–4 Tagen verbrauchen.

Zutaten

100 g Datteln

125 ml Mandeldrink

1 EL Mandelmus

1 Prise Fleur de Sel

Tipp: Das Karamell schmeckt super als Topping auf Müsli-Bowls, Obst und über Eis … Yum!

ACHTUNG SUCHTGEFAHR

46.

Salted Caramel

Alle Zutaten in einen Topf geben und bei mittlerer Hitze verrühren, bis sich alles gut verbunden hat. Zum Köcheln bringen und für 8–10 Minuten leicht köcheln lassen, dabei immer wieder gut umrühren. Vom Herd nehmen und in Gläser füllen.
Die Creme ist nicht sofort fest, sie wird fester wenn sie erkaltet – keine Bange.
Das Karamell im Kühlschrank aufbewahren und innerhalb von 2–4 Tagen verbrauchen.

Tipp: Easy peasy herzustellen aus nur 4 Zutaten – schmeckt auf Vanilleeis einfach himmlisch.

Zutaten

200 g Kokosnusscreme

200 g Kokosblütenzucker

Mark einer Vanilleschote

1 TL Fleur de Sel

47.

Himbeer-Chia-Marmelade

Zutaten

200 g Himbeeren (gern tiefgekühlte Himbeeren verwenden)

1–2 EL Dattelsüße

1 Prise Fleur de Sel

ca. 2 EL Chiasamen

Die Himbeeren in einem Topf langsam erhitzen, bis der Saft austritt und sie leicht zerfallen.
Dann Dattelsüße und die Prise Salz zugeben und kurz aufkochen. Vom Herd nehmen und gut abkühlen lassen.
Jetzt erst die Chiasamen unterrühren. (Chiasamen vertragen keine Hitze wegen der wertvollen Inhaltsstoffe)
In ein sauberes Glas füllen und im Kühlschrank mindestens 2 Stunden, besser über Nacht, quellen lassen.
Die Marmelade im Kühlschrank aufbewahren und innerhalb von 2–4 Tagen verbrauchen.

Tipp: Sollte die Marmelade noch zu flüssig sein, einfach noch ca. 1 TL Chiasamen unterrühren und nochmals quellen lassen.

* *Erdbeer-Chia-Marmelade & Blaubeer-Chia-Marmelade.*

LADY MARMELADE

Statt Himbeeren kannst du alle Früchte deiner Wahl verwenden. Klassiker wie Erdbeeren, Johannisbeeren oder Kirschen schmecken natürlich immer gut. Oder wie wär's mit fruchtiger Orange oder herber Grapefruit? Probier einfach aus, was dir am besten schmeckt.

Hier und da musst du gegebenenfalls die Menge an Dattelsüße ein wenig anpassen. Sauere Johannisbeeren oder Grapefruit vertragen ein wenig mehr an Süße als zuckersüße, reife Erdbeeren.

Für den Extrakick kannst du deine Marmelade auch noch mit frischen Kräutern verfeinern. Ein wenig gehackte Minze zur Erdbeermarmelade, oder auch Orange und Thymian, sind eine leckere Kombination.
Du hast eine ausgekratzte Vanilleschote übrig? Ab damit in den Kochtopf und schon duftet deine selbstgemachte Marmelade wunderbar nach Vanille.

Natürlich kannst du auch verschiedene Früchte mischen, probiere es einfach aus. Das perfekte Rezept, um Reste sinnvoll zu verwerten.

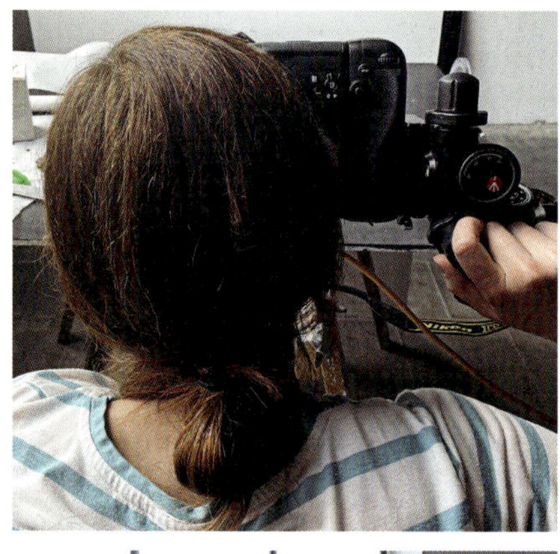

out takes.

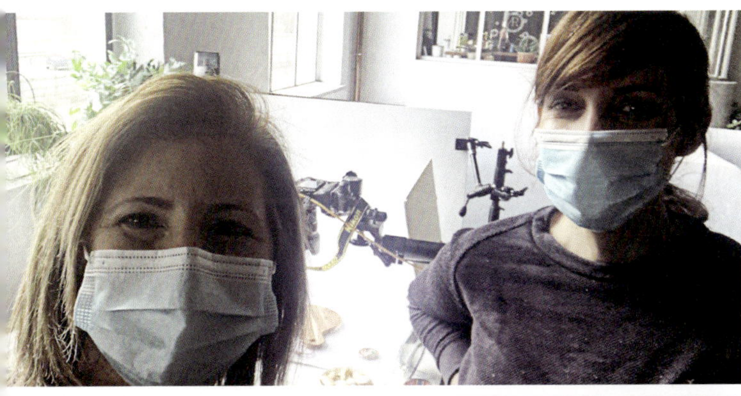

Viele Jahre schon arbeiten wir zusammen, viele spannende Projekte haben wir gemeinsam betreut. Wir beide lieben Fotografie, gute Gestaltung und leckeres Essen. Und wir haben so viele Ideen, die wir am liebsten alle realisieren möchten. Also wurde es Zeit für unser ganz eigenes Projekt, das uns natürlich ganz besonders am Herzen liegt. Natürlich freuen wir uns immer wieder auf Neues. Bei Interesse an einer Zusammenarbeit im Bereich Fotografie oder Gestaltung oder beidem, nehmt gern Kontakt mit uns auf. Wir lieben Herzensprojekte mit Ästhetik und Leidenschaft.

Viele Grüße,
Anna & Deniz
hallo@huebsch-huebsch.de

why ...

We love food, photography and life.

Anna: Ich bin Fotografin und am liebsten fotografiere ich alles, was mit dem Thema Essen und den Menschen drumherum zu tun hat. Für mich ist das der absolute Traumjob! Ich würde ihn um nichts in der Welt eintauschen wollen. Die letzten 15 Jahre durfte ich zusammen mit vielen tollen Menschen einige schöne Bücher fotografieren. Aber trotz allem steht schon lange ein Wunsch ganz oben auf meiner Liste: einmal ein ganz eigenes Buch zu fotografieren. Ganz ohne Vorgaben und ohne, dass jemand reinquatscht. Außer Deniz ab und zu ;-). Privat kann ich nur selten nichts tun und beschäftige mich immer mit tausend Dingen gleichzeitig – die letzten Jahre habe ich mich besonders viel mit dem Thema Ernährung beschäftigt, habe viel gelernt und viel Neues ausprobiert. Seitdem gibt's bei uns statt Schokoriegeln lieber selbstgemachte Süßigkeiten in tausend Varianten. Sie schmecken allen so gut, dass ich immer wieder nach den Rezepten gefragt werde. Es musste also dringend eine Rezeptsammlung her – das perfekte Thema für unser Buch! Wir haben über die letzten Jahre fleißig getestet, viele Tage fotografiert und ein, wie ich finde, wunderschönes kleines Buch gestaltet. Also: Happy rolling!

Deniz: Auch ich habe das Glück, in meinem Beruf als Grafik Designerin das zu tun, was ich absolut liebe. Neben meiner Leidenschaft für Gestaltung liebe ich es zu kochen & zu backen. Das ist mein autogenes Training ;-). In unserer Familie – Lola 15, Ida 8, Andi & Kater Tom – wird möglichst jeden Tag ein Mal gemeinsam gegessen. Das ist uns super wichtig. Als Lola im Alter von 6 Jahren von heute auf morgen beschloss, kein Fleisch mehr zu essen, habe ich mich mehr denn je mit gesundem Essen beschäftigt. Wir kochen alles frisch, backen unser Granola, mixen unsere Smoothies und – wenn genug Zeit ist – backen wir unser Brot. Lola hat uns mit ihrem Entschluss ziemlich schnell auf einen guten Weg gebracht und gesunde Süßigkeiten, Marmeladen und Aufstriche durften natürlich nicht fehlen. Denn vor allem Ida und ich lieben Süßes! So haben wir angefangen Powerriegel und Dattelsüßigkeiten zuzubereiten – und wir sind alle süchtig danach …

* *Kokos-Schoko-Ecken. Rezept Seite 29*

Dance
like no one
is watching.

PLATZ FÜR DEINE IDEEN. TOB DICH AUS.
make a note

eat
me

with
love

voll
toll

go
with
the
flow

hipp
hipp
...

it's nice to be nice.

SUPER
DUPER

IT'S
MAGIC

EINFACH
SO.

DU BIST
TOLL!

RAW BITES SIND EIN PRIMA GESCHENK, TOLLES MITBRINGSEL ODER EINE WUNDERBARE AUFMUNTERUNG. EINFACH ANHÄNGER AUF WWW.RAWBITES.DE DOWNLOADEN ODER DIESE SEITEN KOPIEREN. RAW BITES IN EINEM GLAS ODER EINER DOSE VERPACKEN, ANHÄNGER AUSSCHNEIDEN UND ANHÄNGEN. FROHES SCHENKEN!

HÄTT' ICH DICH HEUT ERWARTET, HÄTT' ICH RAW BITES GEMACHT …

just for you

raw
bites

raw
bites

lecker schmecker

we can be heroes …

LECKER

BE
GOOD

LOVELY
DAY

raw bites raw bites raw bites raw bites
bites raw bites raw bites raw bites
raw bites raw bites raw bites raw bites
bites raw bites raw bites raw bites
raw bites raw bites raw bites raw bites
bites raw bites raw bites raw bites
raw bites raw bites raw bites raw bites
bites raw bites raw bites raw bites
raw bites raw bites raw bites raw bites
bites raw bites raw bites raw bites
raw bites raw bites raw bites raw bites
bites raw bites raw bites raw bites
raw bites raw bites raw bites raw bites
bites raw bites raw bites raw bites
raw bites raw bites raw bites raw bites
bites raw bites raw bites raw bites
raw bites raw bites raw bites raw bites
bites raw bites raw bites raw bites
raw bites raw bites raw bites raw bites
bites raw bites raw bites raw bites
raw bites raw bites raw bites raw bites
bites raw bites raw bites raw bites
raw bites raw bites raw bites raw bites

aw bites raw bites raw bites raw
bites raw bites raw bites raw bites
aw bites raw bites raw bites raw
bites raw bites raw bites raw bites
aw bites raw bites raw bites raw
bites raw bites raw bites raw bites
aw bites raw bites raw bites raw
bites raw bites raw bites raw bites
aw bites raw bites raw bites raw
bites raw bites raw bites raw bites
aw bites raw bites raw bites raw
bites raw bites raw bites raw bites
aw bites raw bites raw bites raw
bites raw bites raw bites raw bites
aw bites raw bites raw bites raw
bites raw bites raw bites raw bites
aw bites raw bites raw bites raw
bites raw bites raw bites raw bites
aw bites raw bites raw bites raw
bites raw bites raw bites raw bites
aw bites raw bites raw bites raw
bites raw bites raw bites raw bites
aw bites raw bites raw bites raw

* Pistazienrauten. Rezept Seite 26

Happy healthy eating everyone.

Eat, drink and be merry.

** Cranberry & Pistazien Bällchen. Rezept Seite 38*

Danke an Lukas für die Geduld, Lola für das viele Mixen und Ausprobieren, Ida für's Testessen, Andi auch für die Geduld und Beno für's Krümel auflecken.

Das ist unser Buch. Wir haben unsere Bestes gegeben. Wir übernehmen keine Haftung, wenn etwas mal nicht klappt, eine Maßeinheit nicht stimmt oder wir uns vertippt haben.

Wir freuen uns über Post. Auch für Zusammenarbeit oder spannende Projekte – schreibt uns gern eine Mail.

Das Buch soll Spaß machen und schmecken.

Love is the answer.

So long. Stay healthy, stay safe.

Support small businesses.

Anna & Deniz

www.huebsch-huebsch.de · www.rawbites.de

VEGAN BACKEN
MIT STINA SPIEGELBERG

Das Standardwerk der
pflanzlichen Backkunst

Annelina Waller

EIN BAUCH VOLL GLÜCK

Vegan Happy Food

Miriam Spann / Jens Schmitt

VEGAN AUS ALLER WELT

Das Villa Vegana Kochbuch

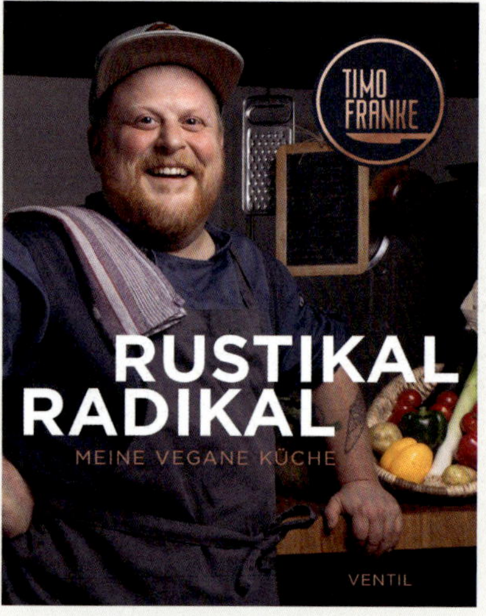

Timo Franke

RUSTIKAL – RADIKAL
MEINE VEGANE KÜCHE

Das 2x1 der veganen Küche:
Jedes Rezept einmal rustikal klassisch,
einmal radikal innovativ interpretiert

Vanille-Mandel-Pralinen. Rezept Seite 69